Impressum
Verlag: BABADADA GmbH, Nedderfeld 112 , 22529 Hamburg
Geschäftsführer / Verlagsleitung: Harald Hof
Druck: Books on Demand GmbH, In de Tarpen 42, 22848 Norderstedt

Imprint
Publisher: BABADADA GmbH, Nedderfeld 112 , 22529 Hamburg, Germany
Managing Director / Publishing direction: Harald Hof
Print: Books on Demand GmbH, In de Tarpen 42, 22848 Norderstedt, Germany

学校

школа

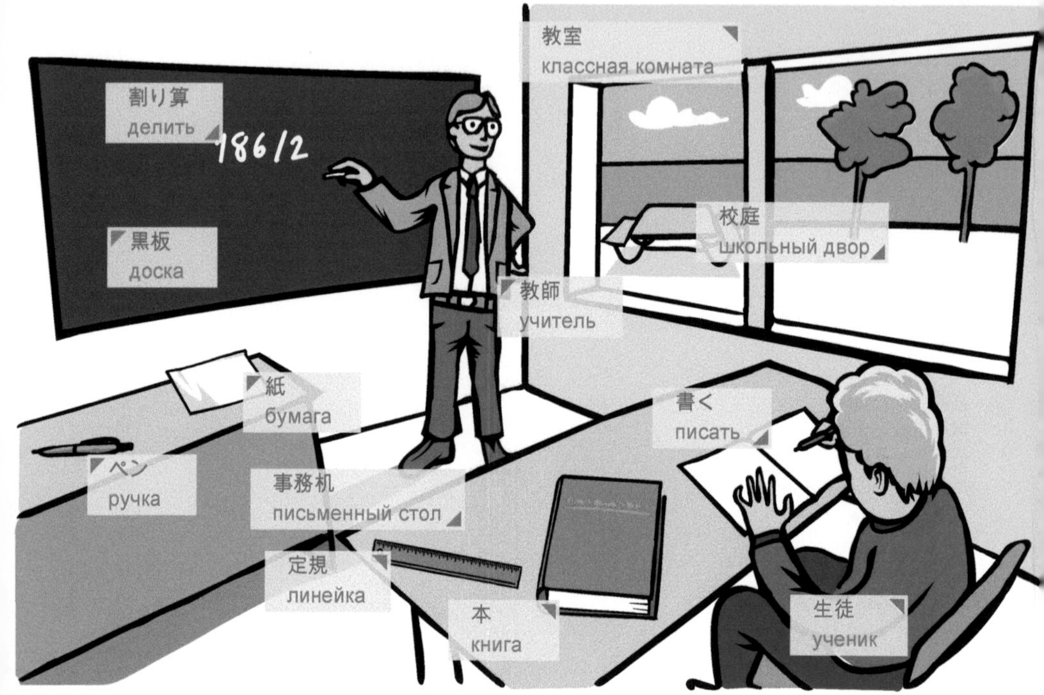

教室
классная комната
割り算
делить
186/2
黒板
доска
校庭
школьный двор
教師
учитель
紙
бумага
書く
писать
ペン
ручка
事務机
письменный стол
定規
линейка
本
книга
生徒
ученик

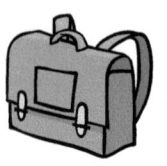

ランドセル

ранец

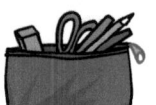

筆入れ

пенал

鉛筆

карандаш

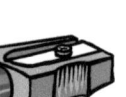

鉛筆削り

точилка

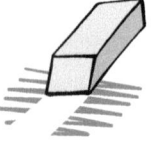

消しゴム

ластик

スケッチブック

альбом для рисования

スケッチ
рисунок

絵筆
кисточка

絵の具箱
коробка красок

はさみ
ножницы

接着剤
клей

練習帳
тетрадь

宿題
домашняя работа

12

数
цифра

2+2

足し算
прибавлять

5-2

引き算
вычитать

2×2

かけ算
умножать

計算する
считать

A

文字
буква

ABCDEFG
HIJKLMN
OPQRSTU
VWXYZ

アルファベット
алфавит

hello

単語
слово

テキスト
....
текст

読む
....
читать

チョーク
....
мел

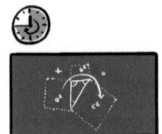

授業
....
урок

学級日誌
....
классный журнал

試験
....
экзамен

通知表
....
диплом

制服
....
школьная форма

教育
....
образование

百科事典
....
энциклопедия

大学
....
университет

顕微鏡
....
микроскоп

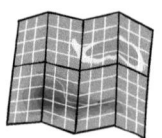

地図
....
карта

ごみ箱
....
корзина для бумаг

旅行

путешествие

ホテル
гостиница
Grand
ホステル
турбаза
ROOMS
EXCHANGE
両替所
пункт обмена валюты
スーツケース
чемодан
自動車
автомобиль

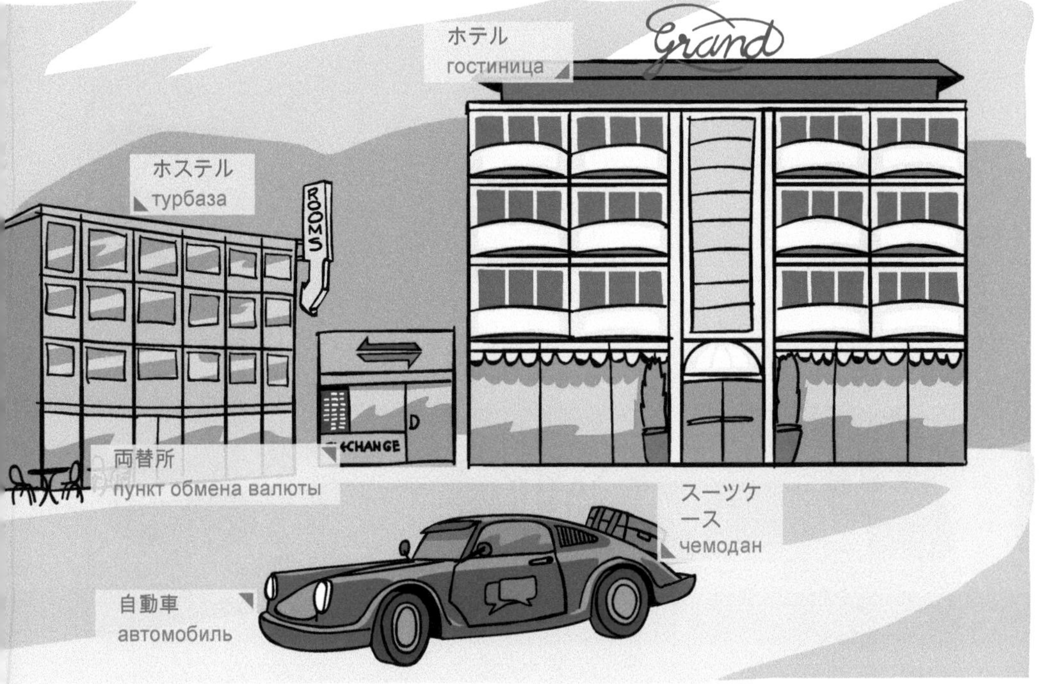

言語

язык

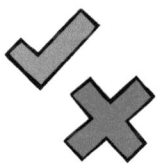

はい / いいえ

да / нет

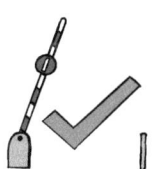

問題ない

хорошо

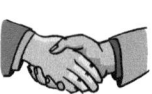

ハロー

Привет

翻訳者

переводчик

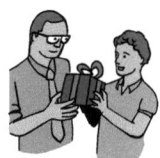

ありがとう

Спасибо

…はいくらですか？

Сколько стоит…?

わかりません

Я не понимаю

問題

проблема

こんばんは！

Добрый вечер!

おはようございます！

Доброе утро!

おやすみなさい！

Доброй ночи!

さようなら

До свидания

方向

направление

手荷物

багаж

バッグ

сумка

リュックサック

рюкзак

お客様

гость

部屋

комната

寝袋

спальный мешок

テント

палатка

旅行者情報

туристическая
информация

ビーチ

пляж

クレジットカード

кредитная карточка

朝食

завтрак

昼食

обед

夕食

ужин

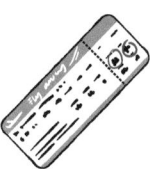

チケット

билет

エレベーター

лифт

スタンプ

почтовая марка

境界

граница

税関

таможня

大使館

посольство

ビザ

виза

パスポート

паспорт

輸送

транспорт

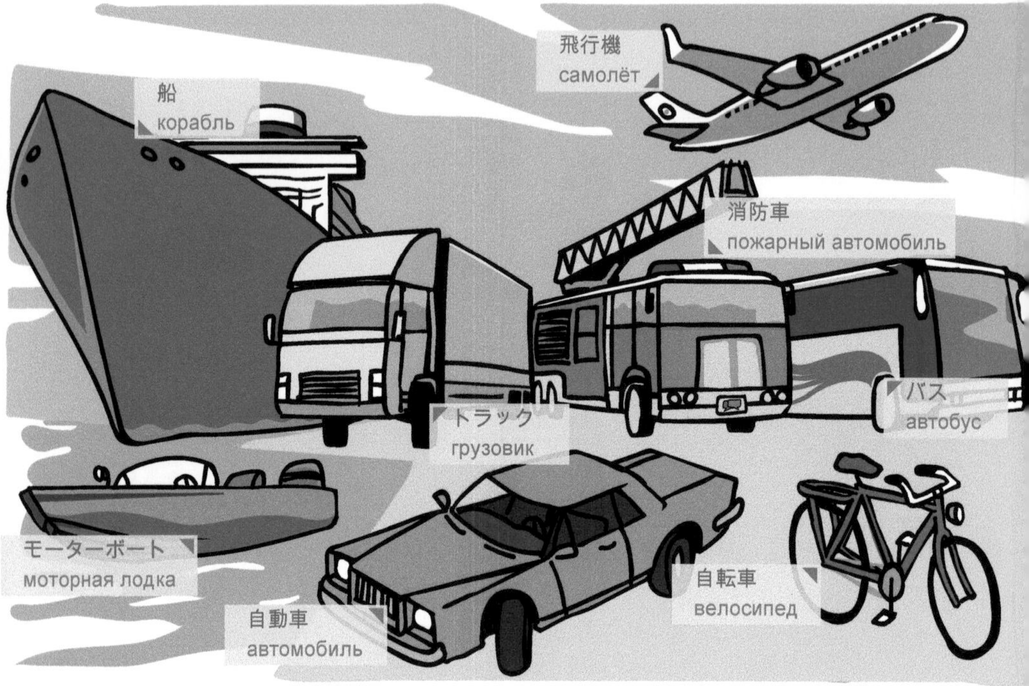

飛行機
самолёт
船
корабль
消防車
пожарный автомобиль
バス
автобус
トラック
грузовик
モーターボート
моторная лодка
自動車
автомобиль
自転車
велосипед

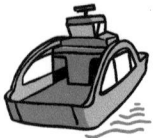

フェリー

паром

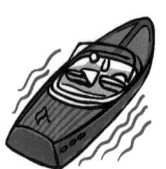

ボート

лодка

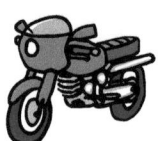

バイク

мотоцикл

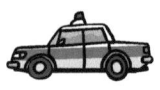

パトカー

полицейский автомобиль

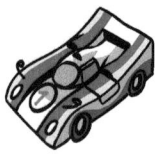

レーシングカー

гоночный автомобиль

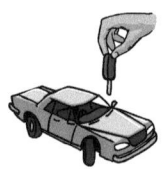

レンタカー

арендованный автомобиль

カーシェアリング

совместное пользование
автомобилями

レッカー車

буксировочный
автомобиль

ごみ収集車

мусоровоз

モーター

двигатель

燃料

топливо

ガソリンスタンド

заправка

交通標識

дорожный знак

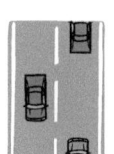

交通

движение

渋滞

пробка

駐車場

автостоянка

駅

вокзал

道

рельсы

列車

поезд

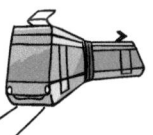

路面電車

трамвай

車両

вагон

ヘリコプター

вертолёт

空港

аэропорт

タワー

вышка

乗客

пассажир

コンテナ

контейнер

段ボール箱

коробка

カート

тележка

カゴ

корзина

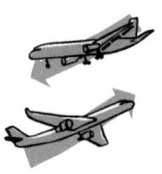

離陸 / 着陸

взлетать / приземляться

都市

город

村

деревня

都心

центр города

家

дом

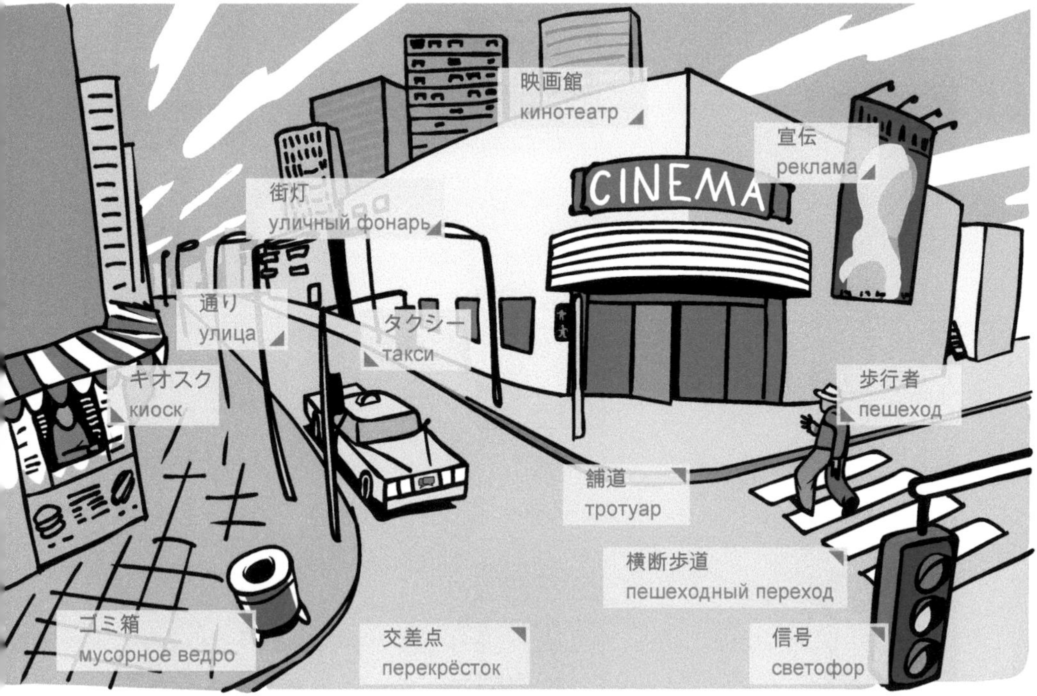
映画館
кинотеатр
CINEMA
宣伝
реклама
街灯
уличный фонарь
通り
улица
タクシー
такси
キオスク
киоск
歩行者
пешеход
舗道
тротуар
横断歩道
пешеходный переход
ゴミ箱
мусорное ведро
交差点
перекрёсток
信号
светофор

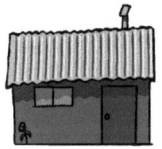

小屋
хижина

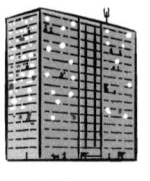

アパート
квартира

駅
вокзал

市役所
ратуша

MUSEUM
美術館
музей

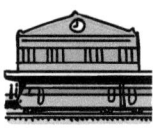

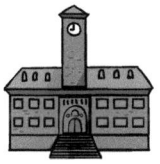

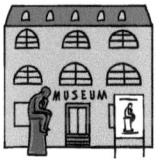

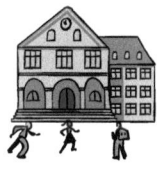

学校
школа

大学

университет

銀行

банк

病院

больница

ホテル

гостиница

薬局

аптека

オフィス

офис

書店

книжный магазин

ショップ

магазин

花屋

цветочный магазин

スーパーマーケット

супермаркет

市場

рынок

デパート

универмаг

魚屋

торговец рыбой

ショッピングセンター

торговый центр

港

порт

動物園
зоопарк
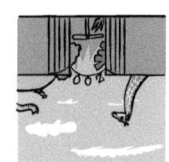

スイミングプール
бассейн

モスク
мечеть
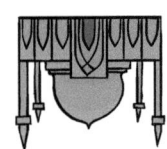

ポスト
почтовый ящик

道路標識
табличка с названием
улицы

パーキングメーター
паркометр

バス停
автобусная остановка

バー
бар

レストラン
ресторан

階段
лестница

地下鉄
метро

トンネル
тоннель

公園
парк

ベンチ
скамейка

橋
мост
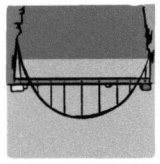

農場

ферма

汚染

загрязнение окружающей среды

墓地

кладбище

教会

церковь

遊び場

детская площадка

寺

храм

風景

ландшафт

葉
лист

道標
дорожный указатель

道
дорога

草地
луг

石
камень

木
дерево

ハイカー
путешественник

川
река

草
трава

花
цветок

谷
долина

山
гора

湖
озеро

森
лес

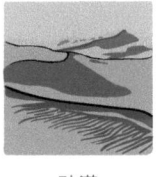

砂漠
пустыня

火山
вулкан

城
замок

虹
радуга

キノコ
гриб

ヤシの木
пальма

蚊
комар

ハエ
муха

蟻
муравей

ミツバチ
пчела

クモ
паук

климат
气候

солнечная батарея
ソーラーパネル

ветряной ген電器 / 風力ジェネレーター

плотина
ダム

лось
ヘラジカ

олень
鹿

кабан
野猪

лебедь
白鳥

птица
鳥

сова
フクロウ

заяц
ウサギ

еж
ハリネズミ

белка
リス

лягушка
蛙

жук
カブトムシ

レストラン
ресторан

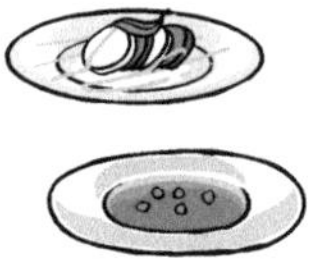

напитки
飲み物

еда
食べ物

бутылка
ボトル

закуска
前菜

главное блюдо
メインコース

десерт
デザート

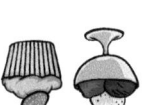

столовые приборы
食器類

скатерть
テーブルクロス

пицца
ピザ

суп
スープ

стул
椅子

меню
メニュー

официант
ウェイター

ファストフード

фастфуд

屋台の食べ物

уличная еда

ティーポット

чайник

砂糖入れ

сахарница

一人前

порция

エスプレッソマシン

кофеварка

幼児用食事椅子

детский стульчик

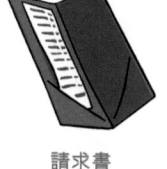

請求書

счет

トレー

поднос

ナイフ

нож

フォーク

вилка

スプーン

ложка

ティースプーン

чайная ложка

ナプキン

салфетка

グラス

стакан

皿
тарелка

スープ皿
суповая тарелка

受け皿
блюдце

ソース
соус

塩入れ
солонка

ペッパーミル
мельница для перца

酢
уксус

油
масло

スパイス
специи

ケチャップ
кетчуп

マスタード
горчица

マヨネーズ
майонез

スーパーマーケット

супермаркет

特価品
специальное предложение
顧客
покупатель
FOR
乳製品
молочные продукты
果物
фрукты
ショッピング・カート
тележка для покупок

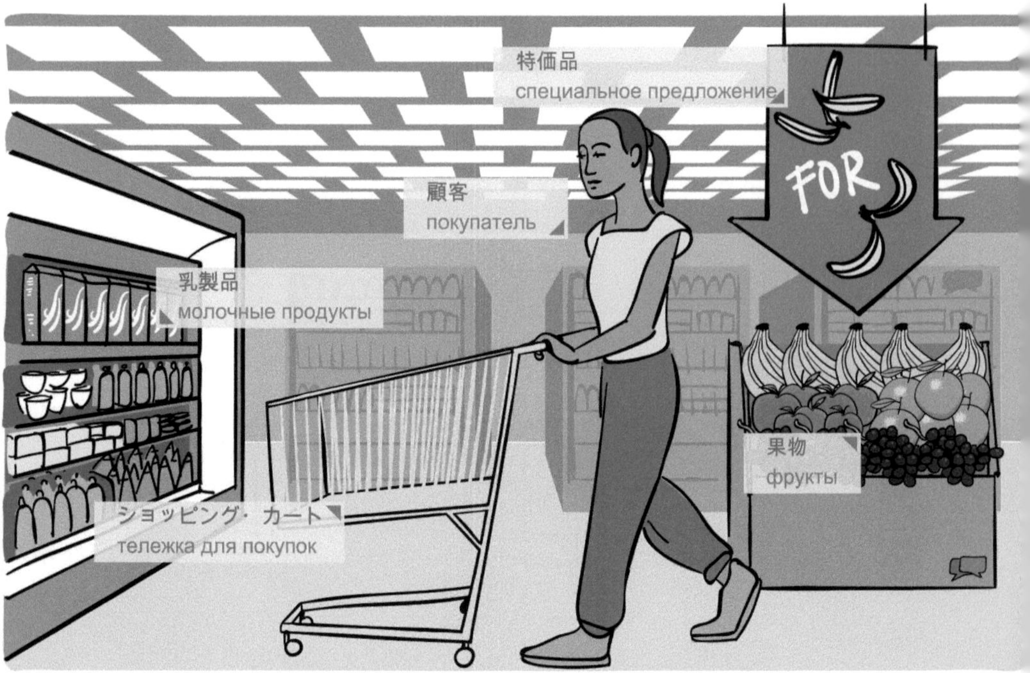

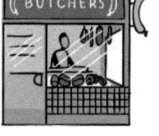

BUTCHERS

肉屋

мясной магазин

BAKERY

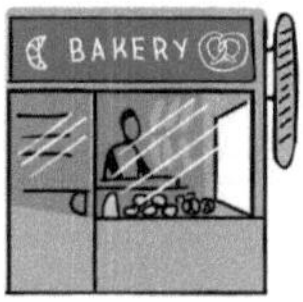

パン屋

пекарня

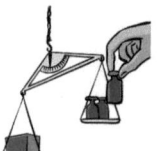

重さをはかる

взвешивать

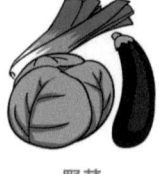

野菜

овощи

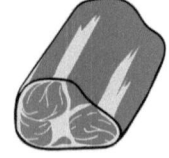

肉

мясо

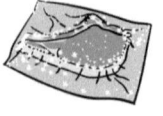

冷凍食品

быстрозамороженные продукты

冷肉の薄切り

нарезка

缶詰食品

консервы

洗剤

стиральный порошок

菓子

сладости

家庭用品

предмет домашнего обихода

清掃用品

моющее средство

販売員

продавщица

現金箱

касса

レジ係

кассир

買い物リスト

список покупок

開館時刻

время работы

財布

бумажник

クレジットカード

кредитная карточка

バッグ

сумка

ポリ袋

полиэтиленовый пакет

水

вода

ジュース

сок

牛乳

молоко

コーラ

кока-кола

ワイン

вино

ビール

пиво

アルコール

алкоголь

ココア

какао

紅茶

чай

コーヒー

кофе

エスプレッソ

эспрессо

カプチーノ

капучино

バナナ

банан

リンゴ

яблоко

オレンジ

апельсин

メロン

арбуз

レモン

лимон

ニンジン

морковь

ニンニク

чеснок

竹

бамбук

玉ねぎ

лук

キノコ

гриб

ナッツ

орехи

ヌードル

лапша

スパゲッティ

спагетти

米

рис

サラダ

салат

フライドポテト

картофель фри

フライドポテト

жареный картофель

ピザ

пицца

ハンバーガー

гамбургер

サンドウィッチ

сэндвич

カツレツ

шницель

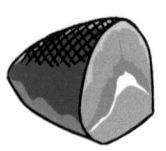

ハム

ветчина

サラミ

салями

ソーセージ

колбаса

鶏肉

курица

焼き

жаркое

魚

рыба

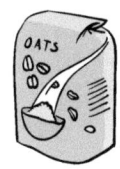

麦のお粥

овсяные хлопья

ムーズリ

мюсли

コーンフレーク

кукурузные хлопья

小麦粉

мука

クロワッサン

круассан

ロールパン

булочка

パン

хлеб

トースト

тост

ビスケット

печенье

バター

масло

カッテージチーズ

творог

ケーキ

пирог

卵

яйцо

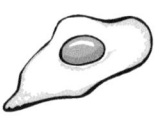

目玉焼き

яичница

チーズ

сыр

アイスクリーム

мороженое

砂糖

сахар

はちみつ

мёд

ジャム

мармелад

ヌガークリーム

крем с нугой

カレー

карри

農場

ферма

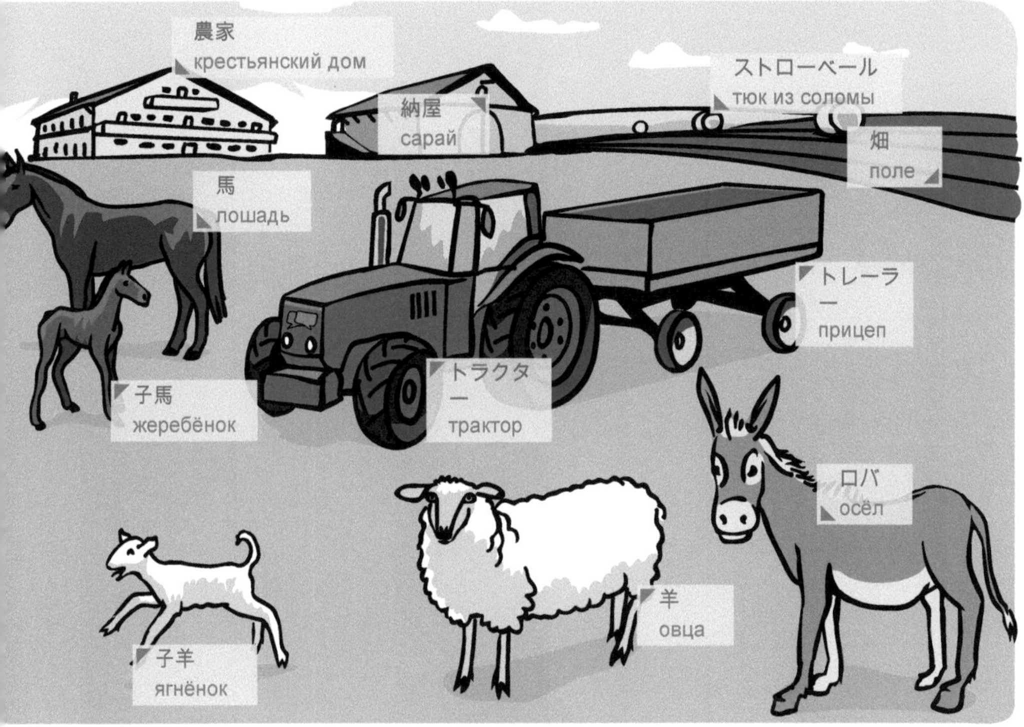

農家
крестьянский дом
納屋
сарай
ストローベール
тюк из соломы
畑
поле
馬
лошадь
トレーラー
прицеп
子馬
жеребёнок
トラクター
трактор
ロバ
осёл
羊
овца
子羊
ягнёнок

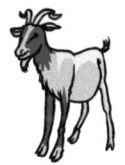

ヤギ

коза

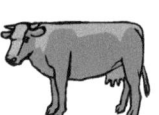

雌牛

корова

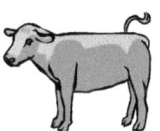

子牛

телёнок

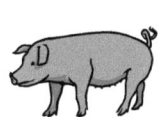

豚

свинья

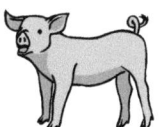

子豚

поросёнок

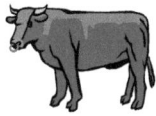

雄牛

бык

ガチョウ

гусь

アヒル

утка

ひよこ

цыплёнок

にわとり

курица

おんどり

петух

ネズミ

крыса

猫

кошка

ねずみ

мышь

雄牛

вол

犬

собака

犬小屋

конура

散水ホース

садовый шланг

じょうろ

лейка

大鎌

коса

すき

плуг

草刈り鎌

серп

くわ

мотыга

堆肥用フォーク

навозные вилы

斧

топор

手押し車

тачка

かいばおけ

корыто

牛乳缶

бидон для молока

袋

мешок

フェンス

забор

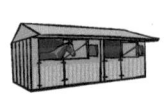

畜舎

хлев

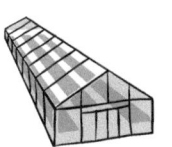

温室

теплица

土壌

почва

種

посев

肥料

удобрение

コンバイン

комбайн

収穫する

собирать урожай

収穫

урожай

ヤマイモ

ямс

小麦

пшеница

大豆

соя

じゃがいも

картофель

トウモロコシ

кукуруза

菜種

рапс

果樹

фруктовое дерево

キャッサバ

маниок

穀物

злаки

煙突
дымоход

屋根
крыша

排水管
водосточный желоб

窓
окно

車庫
гараж

呼び鈴
звонок

ドア
дверь

ゴミ箱
мусорное ведро

郵便受け
почтовый ящик

庭
сад

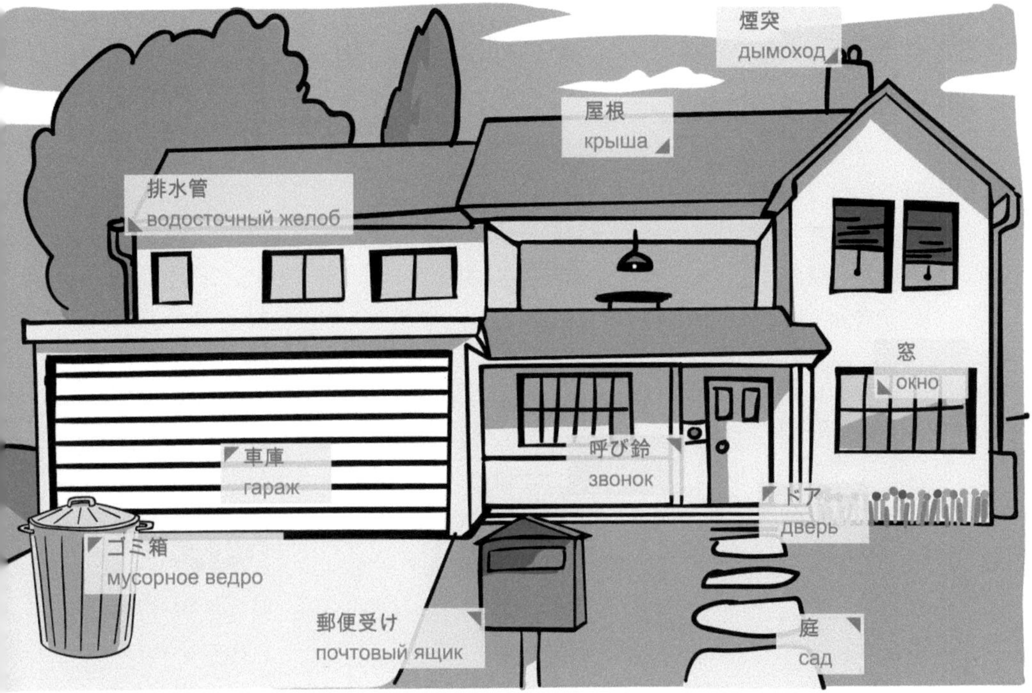

リビングルーム

гостиная

浴室

ванная комната

台所

кухня

寝室

спальня

子供部屋

детская комната

ダイニング・ルーム

столовая

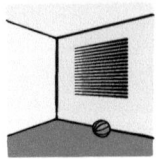

床
_____

пол

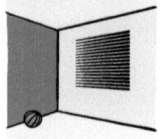

壁
_____

стена

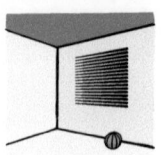

天井
_____

потолок

地下貯蔵庫
_____

подвал

サウナ
_____

сауна

バルコニー
_____

балкон

テラス
_____

терраса

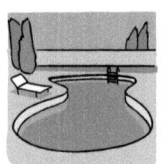

プール
_____

бассейн

芝刈り機
_____

газонокосилка

シーツ
_____

пододеяльник

ベッドカバー
_____

покрывало

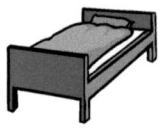

ベッド
_____

кровать

ほうき
_____

метла

バケツ
_____

ведро

スイッチ
_____

выключатель

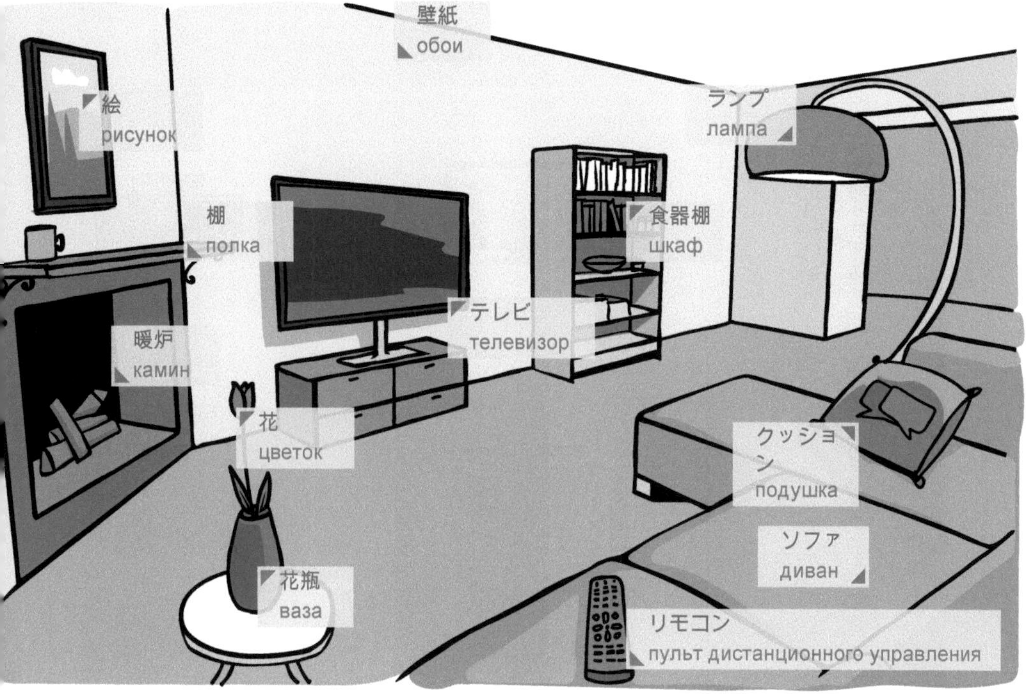

壁紙
обои

絵
рисунок

ランプ
лампа

棚
полка

食器棚
шкаф

暖炉
камин

テレビ
телевизор

花
цветок

クッション
подушка

ソファ
диван

花瓶
ваза

リモコン
пульт дистанционного управления

カーペット

ковёр

カーテン

штора

テーブル

стол

椅子

стул

ロッキングチェア

кресло-качалка

ひじ掛け椅子

кресло

本

книга

毛布

покрывало

飾り

украшение

たきぎ

дрова

映画

фильм

ステレオ

стереосистема

鍵

ключ

新聞

газета

絵画

картина

ポスター

плакат

ラジオ

радио

メモ帳

блокнот

掃除機

пылесос

サボテン

кактус

ろうそく

свеча

台所
кухня

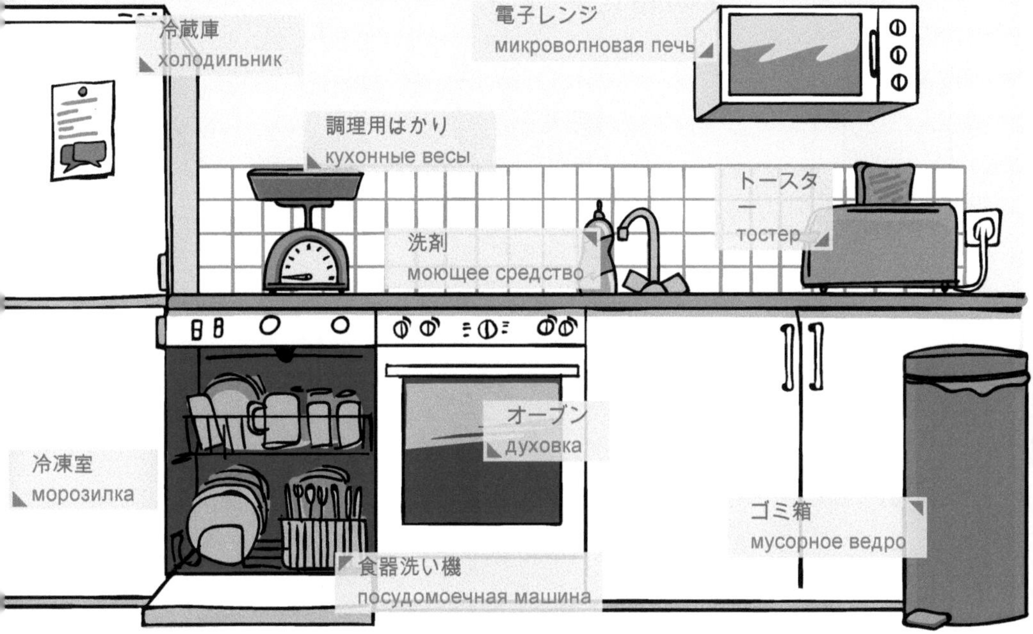

冷蔵庫
холодильник
電子レンジ
микроволновая печь
調理用はかり
кухонные весы
トースター
тостер
洗剤
моющее средство
オーブン
духовка
冷凍室
морозилка
ゴミ箱
мусорное ведро
食器洗い機
посудомоечная машина

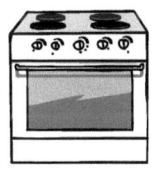

こんろ
плита

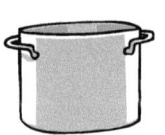

鍋
кастрюля

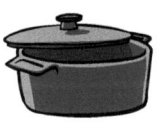

鉄鍋
чугунный котелок

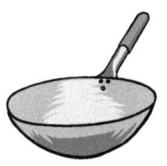

中華鍋/ カダイ鍋
вок / кадай

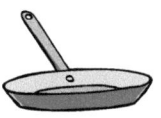

フライパン
сковорода

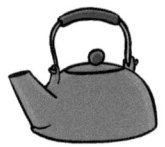

やかん
чайник

蒸し器

пароварка

天板

противень

食器

посуда

マグカップ

кружка

ボウル

миска

箸

палочки для еды

おたま

половник

へら

лопатка

泡立て器

сбивалка

こし器

сито

ふるい

сито

すりおろし器

тёрка

すり鉢

ступка

バーベキュー

гриль

かまど

костёр

まな板

доска

麺棒

скалка

栓抜き

штопор

缶

жестяная банка

缶切り

консервный нож

鍋つかみ

прихватка

流し

раковина

ブラシ

щетка

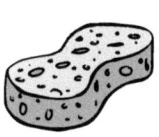

スポンジ

губка

ミキサー

миксер

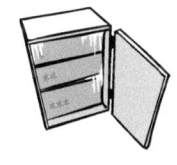

冷凍庫

морозильная камера

哺乳瓶

бутылочка для кормления

蛇口

кран

浴室

ванная комната

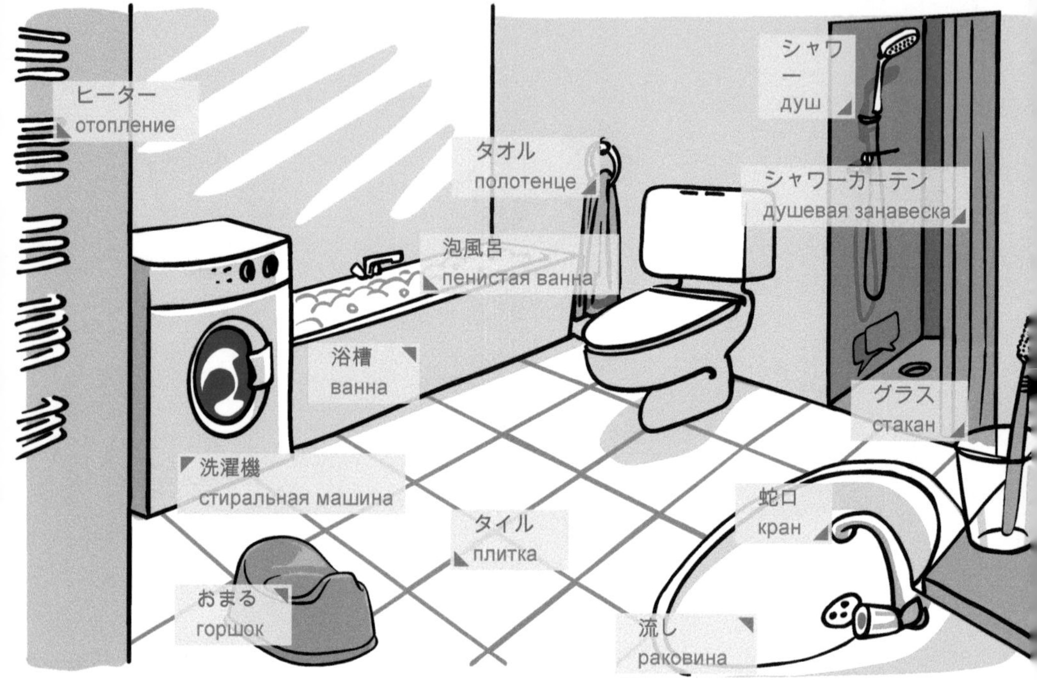

ヒーター
отопление
タオル
полотенце
シャワー
душ
シャワーカーテン
душевая занавеска
泡風呂
пенистая ванна
浴槽
ванна
グラス
стакан
洗濯機
стиральная машина
蛇口
кран
タイル
плитка
おまる
горшок
流し
раковина

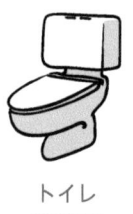

トイレ

туалет

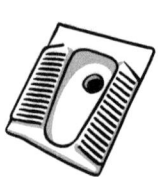

和式トイレ

напольный унитаз

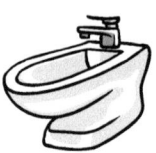

ビデ

биде

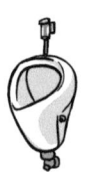

小便器

писсуар

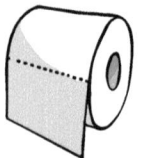

トイレットペーパー

туалетная бумага

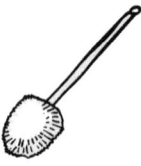

トイレブラシ

ершик

歯ブラシ

зубная щетка

歯みがき

зубная паста

デンタルフロス

зубная нить

洗う

мыть

シャワーヘッド

ручной душ

ハンドビデ

интимный душ

洗面台

таз

ボディブラシ

щетка для спины

石鹸

мыло

シャワー用ジェル

гель для душа

シャンプー

шампунь

浴用タオル

мочалка

排水口

сток

クリーム

крем

消臭

дезодорант

鏡

зеркало

手鏡

ручное зеркало

かみそり

бритва

シェービング・フォーム

пена для бритья

アフターシェーブローショ
ン

лосьон после бритья

櫛

расческа

ブラシ

щетка

ドライヤー

фен

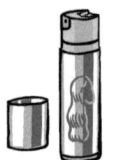

ヘアスプレー

лак для волос

化粧

косметика

口紅

губная помада

マニキュア

лак для ногтей

脱脂綿

вата

爪切り

маникюрные ножницы

香水

духи

洗面用具入れ

косметичка

スツール

табуретка

体重計

весы

バスローブ

халат

ゴム手袋

резиновые перчатки

タンポン

тампон

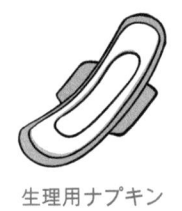

生理用ナプキン

гигиеническая прокладка

ケミカルトイレ

биотуалет

子供部屋

детская комната

目覚まし時計
будильник
ぬいぐるみ
мягкая игрушка
おもちゃの自動車
игрушечный автомобиль
がらがら
погремушка
ドール・ハウス
кукольный домик
プレゼント
подарок

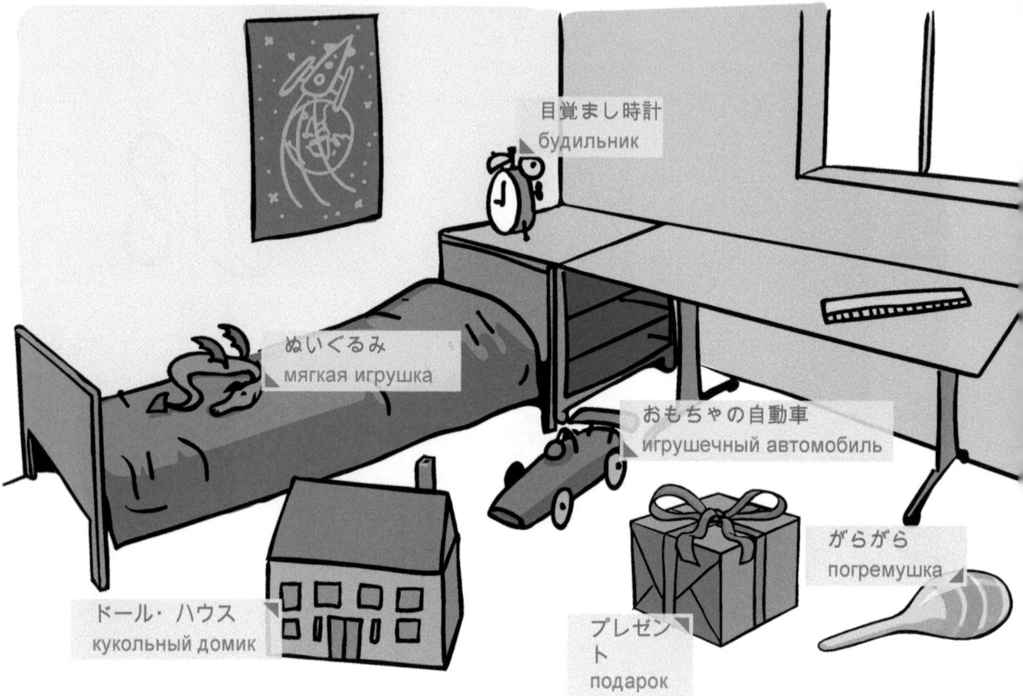

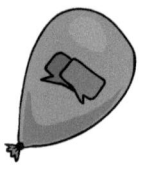

風船

воздушный шар

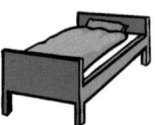

ベッド

кровать

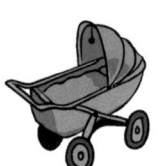

ベビーカー

детская коляска

カードゲーム

карточная игра

ジグソーパズル

пазл

SUPER
MEGA

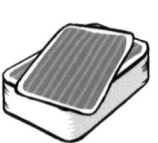

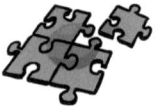

漫画

комикс

レゴ

кирпичики Лего

玩具ブロック

кубики

アクションフィギュア

игрушечная фигурка

ロンパース

ползунки

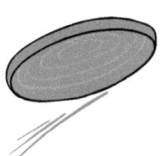

フリスビー

фрисби

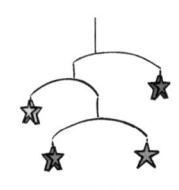

モバイル

мобиле

ボードゲーム

настольная игра

さいころ

кубик

鉄道模型

модель железной дороги

おしゃぶり

соска

パーティー

вечеринка

絵本

книга с картинками

ボール

мяч

人形

кукла

遊ぶ

играть

砂場

песочница

ブランコ

качели

おもちゃ

игрушка

ゲーム機

игровая приставка

三輪車

трёхколесный велосипед

テディベア

плюшевый медвежонок

衣装ダンス

шкаф для одежды

衣服

одежда

靴下

носки

ストッキング

чулки

タイツ

колготки

スカーフ
шарф

ベルト
ремень

雨傘
зонтик

Tシャツ
футболка

スニーカー
кроссовки

ブーツ
сапоги

スリッパ
тапки

サンダル
сандалии

靴
ботинки

ゴム長靴
резиновые сапоги

パンツ
трусы

ブラ
бюстгальтер

ベスト
майка

衣服 - одежда

ボディースーツ

боди

ズボン

брюки

ジーンズ

джинсы

スカート

юбка

ブラウス

блузка

シャツ

рубашка

セーター

свитер

パーカー

свитер

ブレザー

спортивная куртка

ジャケット

жакет

コート

пальто

レインコート

плащ

服装

костюм

ドレス

платье

ウェディングドレス

свадебное платье

衣服 - одежда

スーツ

мужской костюм

ナイトガウン

ночная сорочка

パジャマ

пижама

サリー

сари

ヘッドスカーフ

платок

ターバン

тюрбан

ブルカ

паранджа

カフタン

кафтан

アバヤ

абайя

水着

купальник

トランクス

плавки

半ズボン

шорты

スウェットスーツ

спортивный костюм

エプロン

фартук

手袋

перчатки

ボタン

пуговица

メガネ

очки

ブレスレット

браслет

ネックレス

цепочка

指輪

кольцо

イヤリング

серьга

帽子

шапка

ハンガー

вешалка

帽子

шляпа

ネクタイ

галстук

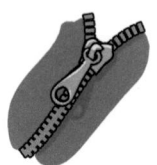

ファスナー

застежка молния

ヘルメット

шлем

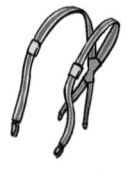

サスペンダー

подтяжки

制服

школьная форма

ユニフォーム

форма

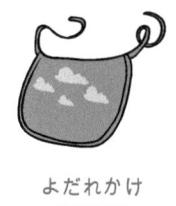

よだれかけ

детский нагрудник

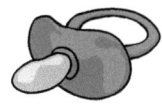

おしゃぶり

соска

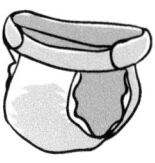

おむつ

подгузник

オフィス

офис

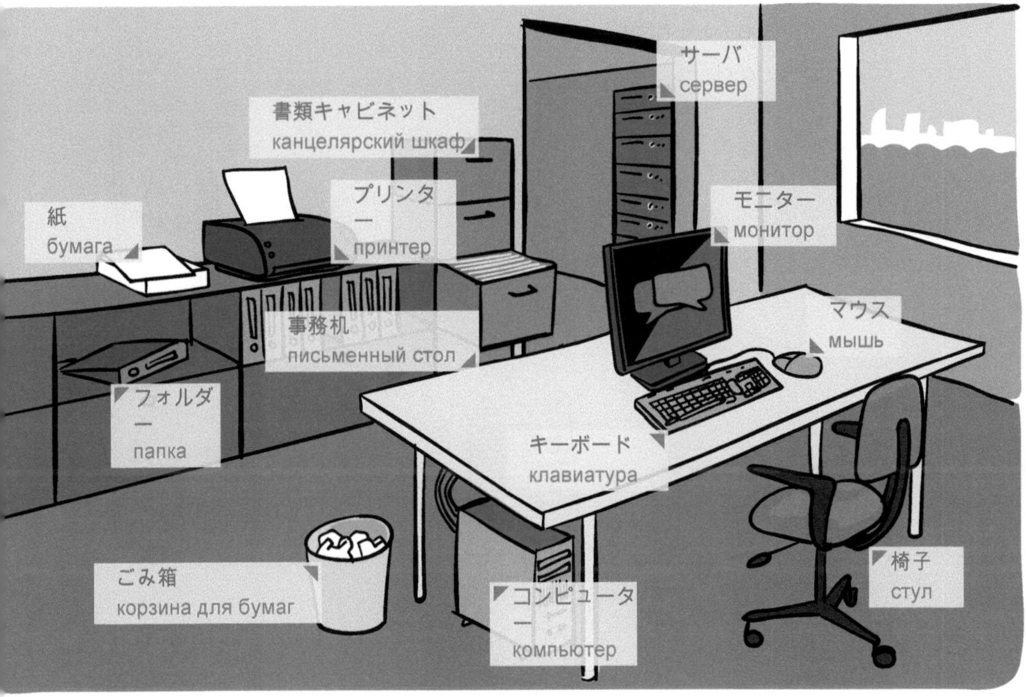

サーバ
сервер
書類キャビネット
канцелярский шкаф
紙
бумага
プリンター
принтер
モニター
монитор
事務机
письменный стол
マウス
мышь
フォルダー
папка
キーボード
клавиатура
椅子
стул
ごみ箱
корзина для бумаг
コンピューター
компьютер

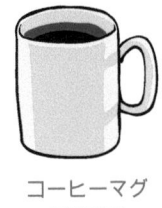

コーヒーマグ

кофейная кружка

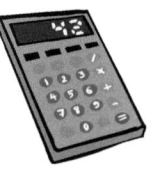

計算機

калькулятор

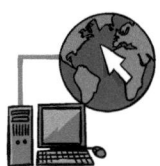

インターネット

интернет

ラップトップ

ноутбук

手紙

письмо

メッセージ

сообщение

携帯電話

мобильный телефон

ネットワーク

сеть

コピー機

ксерокс

ソフトウェア

программа

電話

телефон

コンセント

розетка

ファックス

факс

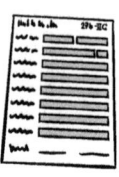

フォーム

формуляр

書類

документ

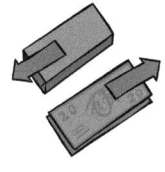

買う

покупать

支払う

платить

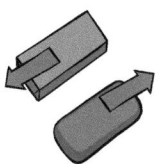

取引する

торговать

お金

деньги

ドル

доллар

ユーロ

евро

円

иена

ルーブル

рубль

スイスフラン

франк

人民元

жэньминьби юань

ルピー

рупия

キャッシュポイント

банкомат

両替所

пункт обмена валюты

金

золото

銀

серебро

油

нефть

エネルギー

энергия

価格

цена

契約

договор

税金

налог

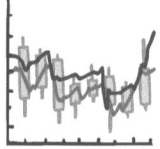

株

акция

働く

работать

従業員

служащий

雇用主

работодатель

工場

фабрика

ショップ

магазин

職業

профессии

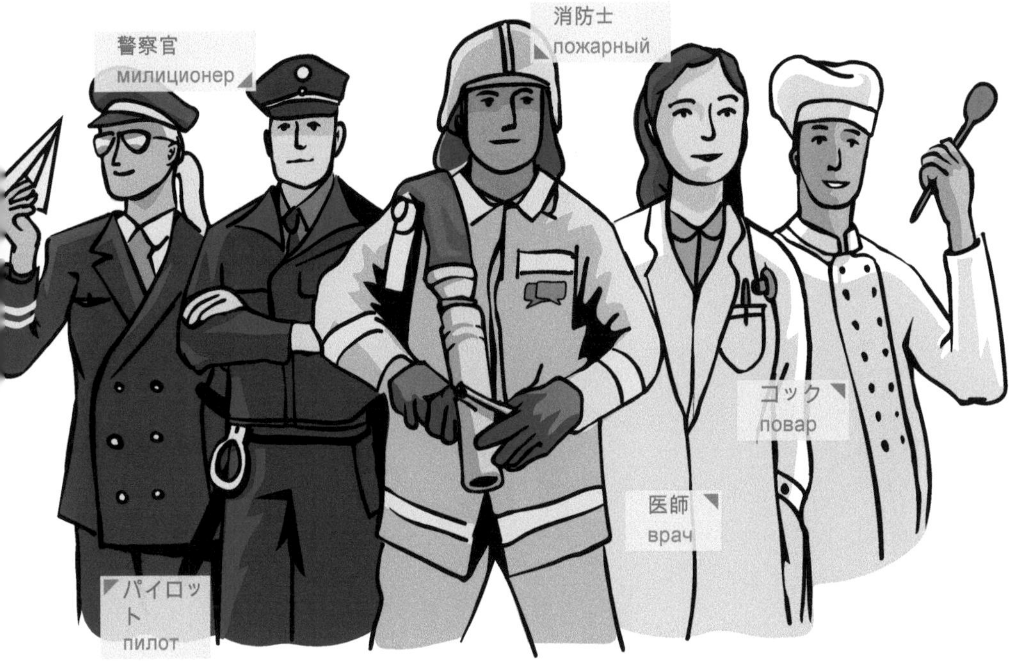

消防士
пожарный
警察官
милиционер
コック
повар
医師
врач
パイロット
пилот

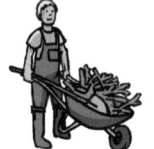

庭師

садовник

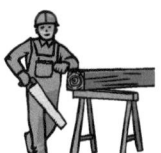

大工

столяр

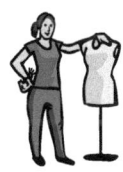

お針子

швея

裁判官

судья

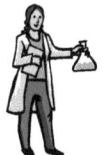

化学者

химик

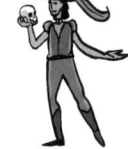

俳優

актёр

バスの運転手

водитель автобуса

タクシー運転手

таксист

漁師

рыбак

掃除婦

уборщица

屋根ふき職人

кровельщик

ウェイター

официант

ハンター

охотник

塗装工

художник

パン屋

пекарь

電気工

электрик

建設作業員

строитель

エンジニア

инженер

肉屋

мясник

配管工

сантехник

郵便配達人

почтальон

軍人

солдат

建築家

архитектор

レジ係

кассир

花屋

флорист

美容師

парикмахер

車掌

кондуктор

機械工

механик

キャプテン

капитан

歯科医

зубной врач

科学者

ученый

ラビ

раввин

イスラム導師

имам

修道士

монах

牧師

священник

道具

инструменты

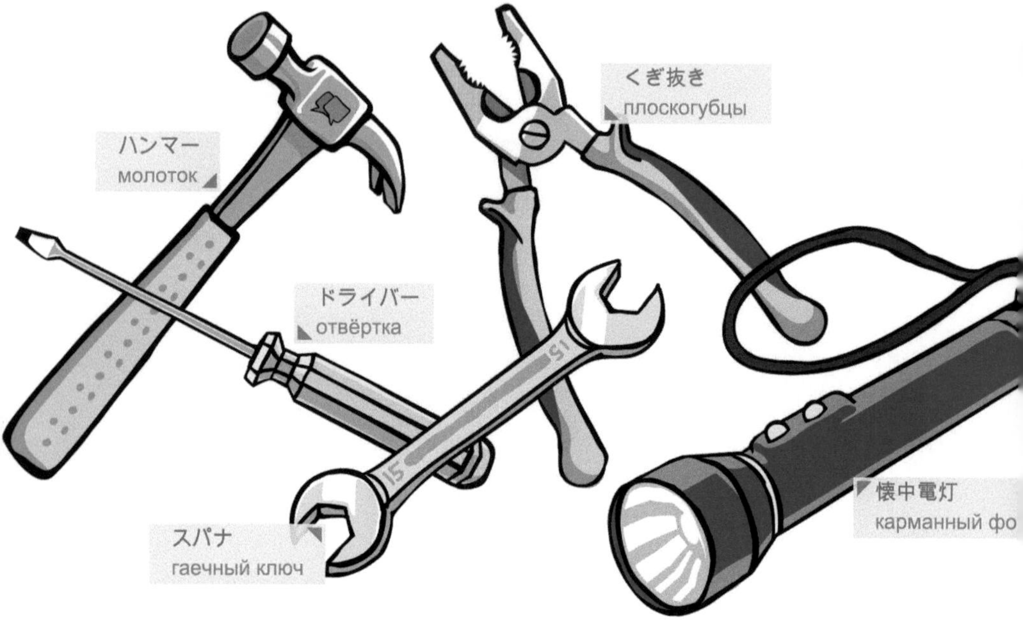

くぎ抜き
плоскогубцы
ハンマー
молоток
ドライバー
отвёртка
懐中電灯
карманный фо
スパナ
гаечный ключ

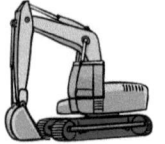

掘削機

экскаватор

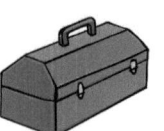

道具箱

ящик для инструментов

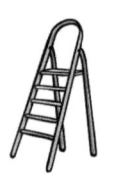

はしご

стремянка

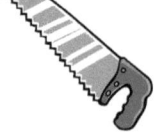

のこぎり

пила

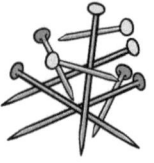

釘

гвозди

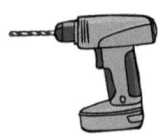

ドリル

дрель

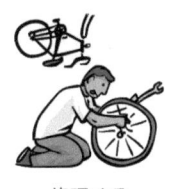

修理する

ремонтировать

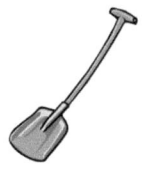

シャベル

лопата

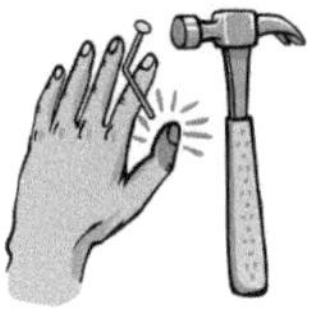

クソ！

Блин!

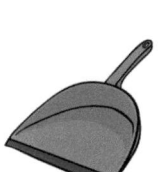

ちりとり

совок

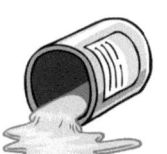

ペンキ缶

ведро с краской

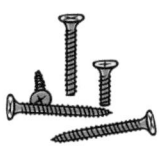

ネジ

винты

楽器

музыкальные инструменты

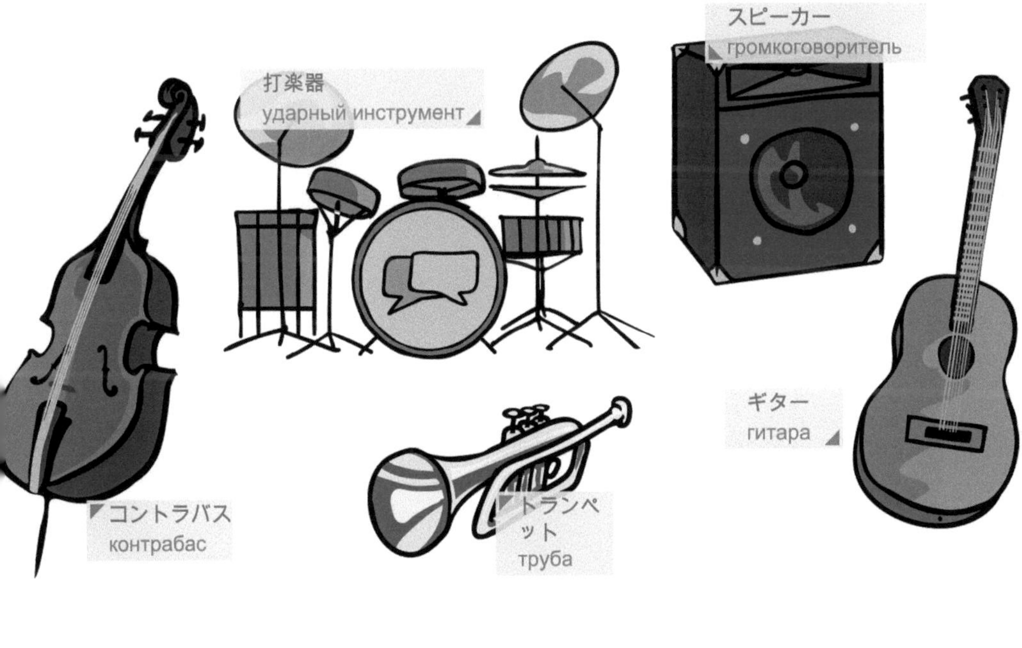
スピーカー
громкоговоритель
打楽器
ударный инструмент
ギター
гитара
コントラバス
контрабас
トランペット
труба

ピアノ

пианино

バイオリン

скрипка

バス

бас-гитара

ティンパニ

литавры

ドラム

барабан

キーボード

синтезатор

サックス

саксофон

フルート

флейта

マイクロフォン

микрофон

楽器 - музыкальные инструменты

虎
тигр

入口
вход

おり
клетка

シマウマ
зебра

飼料
корм

パンダ
панда

動物
животные

象
слон

カンガルー
кенгуру

サイ
носорог

ゴリラ
горилла

熊
медведь

ラクダ

верблюд

ダチョウ

страус

ライオン

лев

猿

обезьяна

フラミンゴ

фламинго

オウム

попугай

白クマ

белый медведь

ペンギン

пингвин

サメ

акула

クジャク

павлин

蛇

змея

ワニ

крокодил

飼育係

служитель зоопарка

アザラシ

тюлень

ジャガー

ягуар

ポニー

пони

ヒョウ

леопард

カバ

бегемот

キリン

жираф

鷲

орёл

雄豚

кабан

魚

рыба

亀

черепаха

セイウチ

морж

狐

лиса

ガゼル

газель

アメフト
американский футбол

サイクリング
езда на велосипеде

テニス
теннис

バスケットボール
баскетбол

水泳
плавание

ボクシング
бокс

アイスホッケー
хоккей

サッカー
футбол

バドミントン
бадминтон

陸上競技
лёгкая атлетика

ハンドボール
гандбол

スキー
лыжный спорт

ポロ
поло

活動

действия

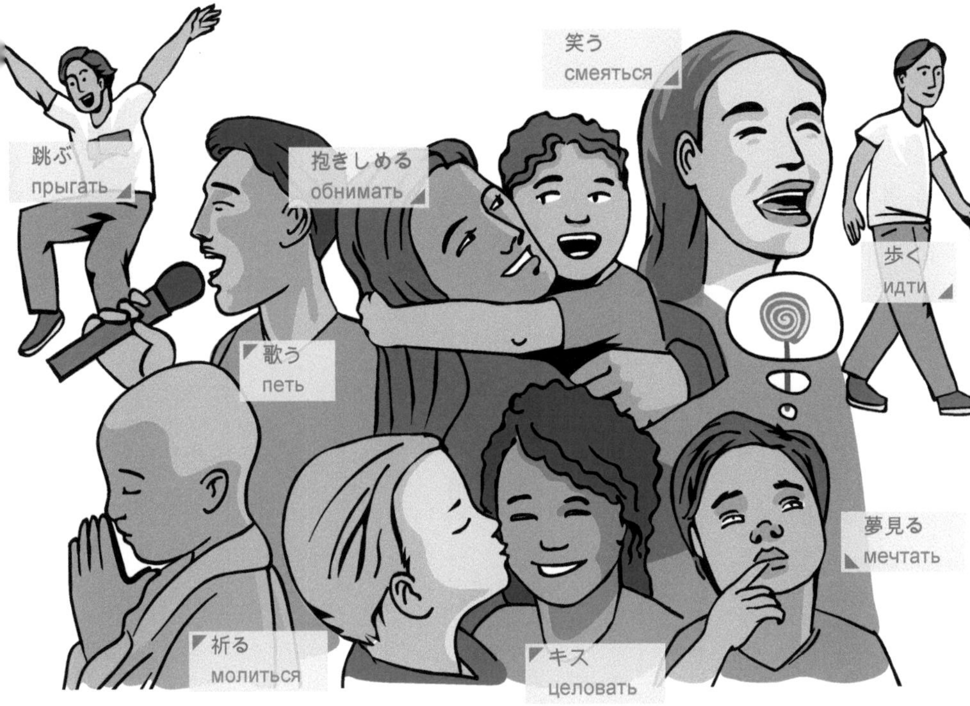

笑う
смеяться
跳ぶ
прыгать
抱きしめる
обнимать
歩く
идти
歌う
петь
夢見る
мечтать
祈る
молиться
キス
целовать

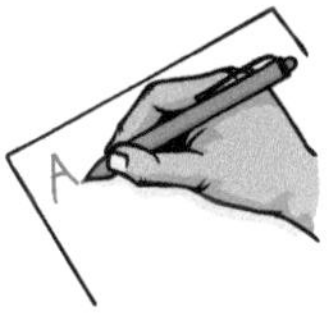

書く

писать

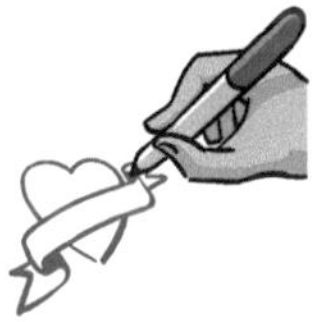

描く

рисовать

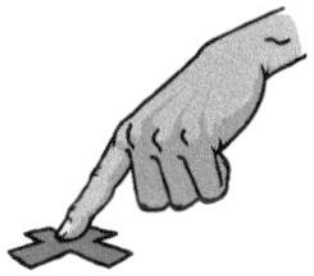

示す

показывать

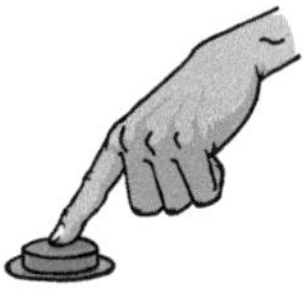

押す

нажимать

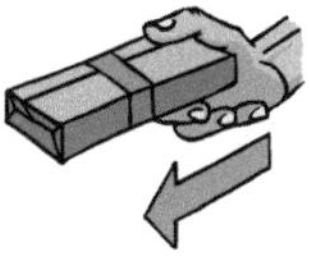

与える

давать

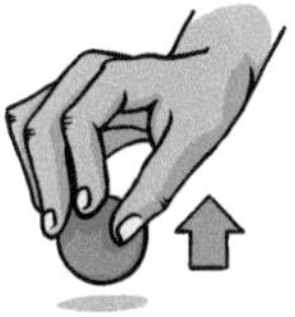

取る

брать

持っている

иметь

する

делать

ある

быть

立つ

стоять

走る

бежать

引く

тянуть

投げる

бросать

落ちる

падать

横たわっている

лежать

待つ

ждать

運ぶ

носить

座る

сидеть

着る

надевать

眠る

спать

目が覚める

просыпаться

見る

рассматривать

泣く

плакать

なでる

гладить

櫛ですく

причесывать

話す

говорить

理解する

понимать

質問する

спрашивать

聞く

слушать

飲む

пить

食べる

кушать

片づける

наводить порядок

愛する

любить

料理する

готовить

運転する

ехать

飛ぶ

летать

ヨットに乗る

ходить под парусом

計算する

считать

読む

читать

学ぶ

учиться

働く

работать

結婚する

вступать в брак

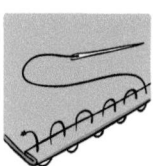

縫う

шить

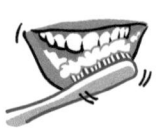

歯を磨く

чистить зубы

殺す

убивать

喫煙する

курить

送る

отправлять

祖母
бабушка

祖父
дедушка

父
папа

母
мама

赤ん坊
младенец

娘
дочь

息子
сын

お客様

гость

おば

тетя

おじ

дядя

兄弟

брат

姉妹

сестра

体

тело

ひたい
лоб
目
глаз
肩
плечо
指
палец
顔
лицо
あご
подбородок
手
кисть
胸
грудь
脚
нога
腕
рука

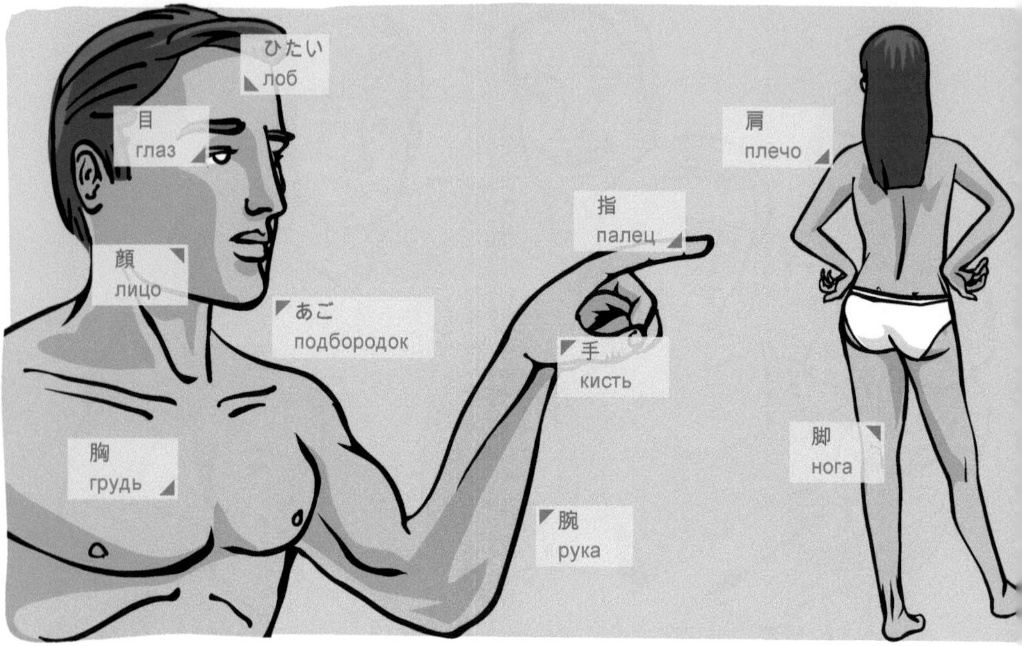

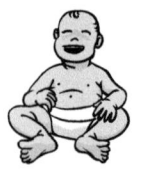

赤ん坊
младенец

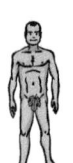

男性
мужчина

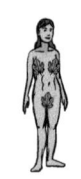

女性
женщина

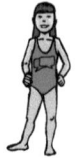

少女
девочка

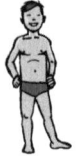

少年
мальчик

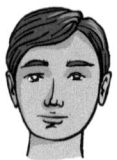

頭
голова

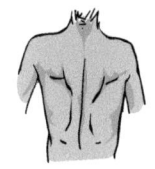

背中
спина

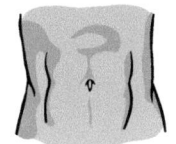

腹
живот

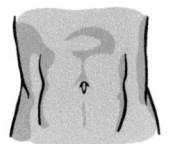

へそ
пупок

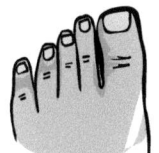

足指
палец ноги

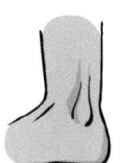

かかと
пятка

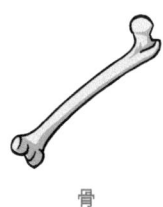

骨
кость

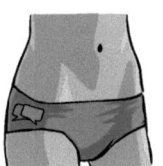

腰
бедро

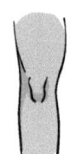

ひざ
колено

ひじ
локоть

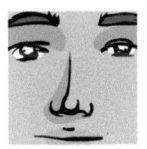

鼻
нос

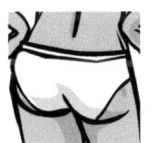

尻
ягодицы

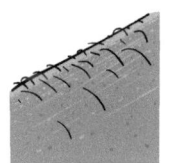

皮膚
кожа

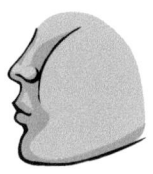

頬
щека

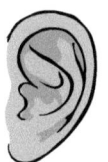

耳
ухо

唇
губа

体 - тело

口
рот

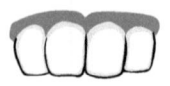

歯
зуб

舌
язык

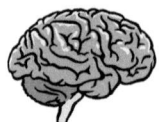

脳
мозг

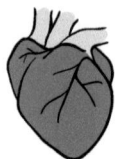

心臓
сердце

筋肉
мышца

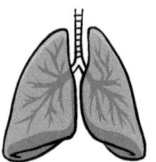

肺
лёгкое

肝臓
печень

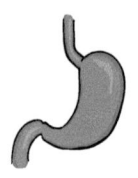

胃
желудок

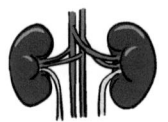

腎臓
почки

セックス
половой акт

コンドーム
презерватив

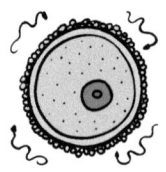

卵細胞
яйцеклетка

精液
сперма

妊娠
беременность

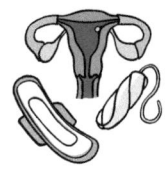

月経

менструация

膣

вагина

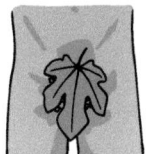

ペニス

пенис

眉

бровь

髪

волосы

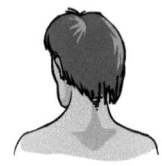

首

шея

病院
больница

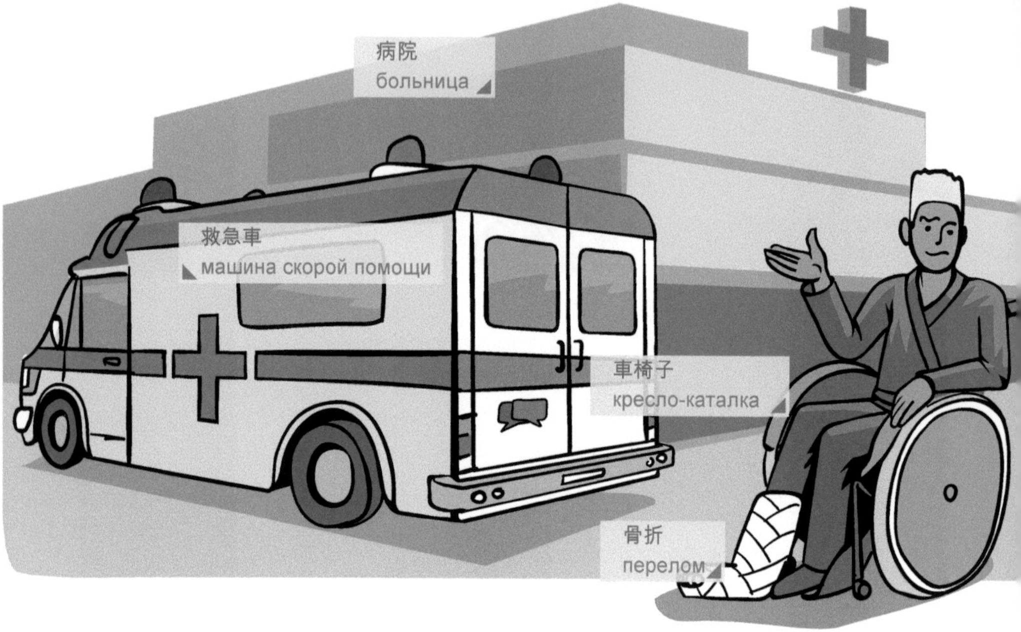

病院
больница
救急車
машина скорой помощи
車椅子
кресло-каталка
骨折
перелом

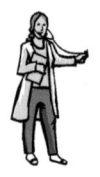

医師

врач

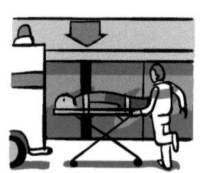

救急治療室

пункт первой помощи

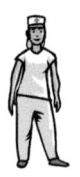

看護師

медсестра

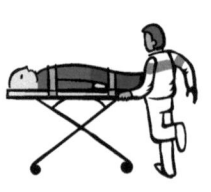

救急

неотложный случай

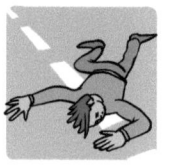

失神

без сознания

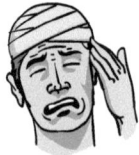

痛み

боль

けが

повреждение

出血

кровотечение

心臓発作

инфаркт

脳卒中

инсульт

アレルギー

аллергия

咳

кашель

熱

овышенная температура

インフルエンザ

грипп

下痢

понос

頭痛

головная боль

癌

рак

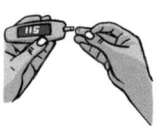

糖尿病

диабет

外科医

хирург

外科用メス

скальпель

手術

операция

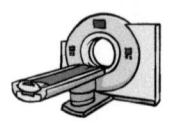

CT
КТ

レントゲン
рентген

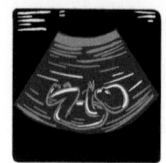

超音波
ультразвук

マスク
маска

病気
болезнь

待合室
приёмная

松葉づえ
костыль

ばんそうこう
пластырь

包帯
бинт

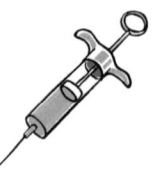

注射
укол

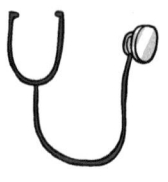

聴診器
стетоскоп

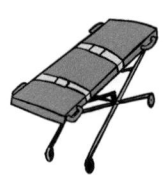

担架
носилки

体温計
термометр

出産
рождение

肥満
избыточный вес

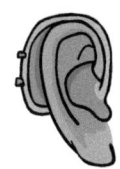

補聴器

слуховой аппарат

消毒剤

дезинфекционное средство

感染

инфекция

ウイルス

вирус

HIV / エイズ

ВИЧ / СПИД

内服薬

лекарство

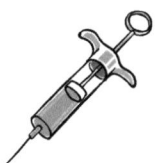

予防接種

прививка

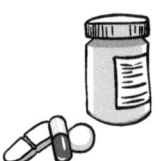

錠剤

таблетки

ピル

противозачаточная таблетка

緊急電話

экстренный вызов

血圧計

прибор для измерения кровяного давления

病気の / 健康な

больной / здоровый

病院 - больница

助けて！

Помогите!

アラーム

сигнал тревоги

暴行

нападение

攻撃

атака

危険

опасность

非常口

запасной выход

火事だ！

Пожар!

消火器

огнетушитель

事故

несчастный случай

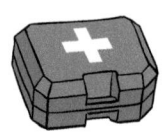

救急箱

аптечка

SOS

SOS

警察

милиция

ヨーロッパ

Европа

北米

Северная Америка

南米

Южная Америка

アフリカ

Африка

アジア

Азия

オーストラリア

Австралия

大西洋

Атлантический океан

太平洋

Тихий океан

インド洋

Индийский океан

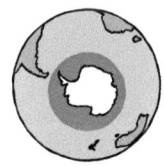

南極海

Антарктический океан

北極海

Северный Ледовитый океан

北極

Северный полюс

南極

Южный полюс

南極大陸

Антарктика

地球

земля

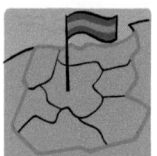

陸

суша

海

море

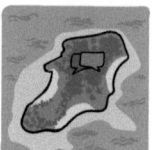

島

остров

国家

нация

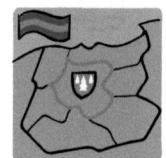

国家

государство

文字盤

циферблат

短針

часовая стрелка

長針

минутная стрелка

秒針

секундная стрелка

何時ですか？

Который час?

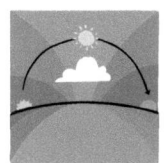

日

день

時間

время

現在

сейчас

デジタル時計

электронные часы

分

минута

時間

час

月曜 / понедельник
水曜 / среда
金曜 / пятница
火曜 / вторник
木曜 / четверг
土曜 / суббота
日曜 / воскресенье

昨日
вчера

今日
сегодня

明日
завтра

朝
утро

昼
полдень

夜
вечер

営業日
рабочие дни

週末
выходные

雨
▶ дождь

虹
▶ радуга

風
ветер

雪
снег

春
весна

夏
лето

秋
▶ осень

冬
зима

天気予報

прогноз погоды

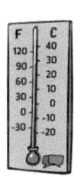

温度計

термометр

日差し

солнечный свет

雲

туча

霧

туман

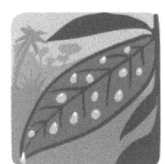

湿度

влажность воздуха

雷

молния

雷

гром

嵐

буря

ひょう

град

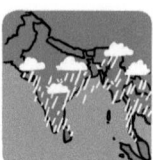

季節風

муссон

洪水

наводнение

氷

лёд

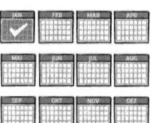

1月

январь

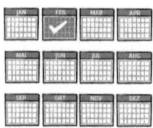

2月

февраль

3月

март

4月

апрель

5月

май

6月

июнь

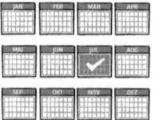

7月

июль

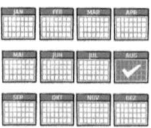

8月

август

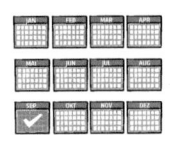

9月
....
сентябрь

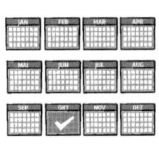

10月
....
октябрь

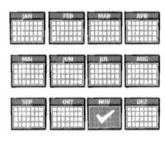

11月
....
ноябрь

12月
....
декабрь

形
формы

円
....
круг

正方形
....
квадрат

長方形
....
прямоугольник

三角
....
треугольник

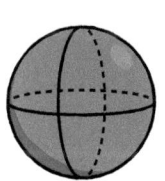

球
....
шар

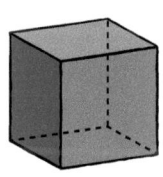

立方体
....
куб

色

цвета

白
белый

黄
желтый

オレンジ
оранжевый

ピンク
розовый

赤
красный

紫
лиловый

青
синий

緑
зелёный

茶
коричневый

灰色
серый

黒
черный

多い ／ 少ない

много / мало

怒っている／
落ち着いている
яростный / мирный

美しい ／ 醜い

красивый / уродливый

初め ／ 終わり

начало / конец

大きい ／ 小さい

большой / маленький

明るい ／ 暗い

светлый / темный

兄弟 ／ 姉妹

брат / сестра

清潔な ／ 汚い

чистый / грязный

完全な ／ 不完全な

полный / неполный

日中 ／ 夜

день / ночь

死んだ ／ 生きている

мёртвый / живой

幅広い ／ 狭い

широкий / узкий

食べられる　/
食べられない
съедобный / несъедобный

悪意のある　/　親切な
злой / дружелюбный

興奮している　/
退屈じている
взволнованный /
скучающий

太った　/　痩せた
толстый / худой

最初に　/　最後に
сначала / в конце

友人　/　敵
друг / враг

いっぱいの　/　空の
полный / пустой

硬い　/　柔らかい
твёрдый / мягкий

重い　/　軽い
тяжёлый / легкий

空腹　/　喉の渇き
голод / жажда

病気の　/　健康な
больной / здоровый

違法な　/　合法な
незаконный / законный

賢い　/　愚かな
умный / глупый

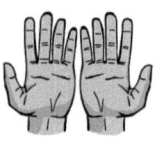

左に　/　右に
слева / справа

近い　/　遠い
близко / далеко

新しい / 中古の

новый / подержанный

何もない / 何かある

ничто / нечто

老いた / 若い

старый / молодой

オン / オフ

включено / выключено

開いている /
閉まっている

открыто / закрыто

静かな / うるさい

тихо / громко

裕福な / 貧乏な

богатый / бедный

正しい / 間違っている

правильный /
неправильный

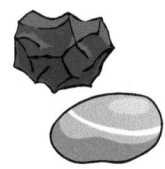

粗い / なめらか

шероховатый / гладкий

悲しい / 幸せな

печальный / счастливый

短い / 長い

короткий / длинный

ゆっくり / 速い

медленный / быстрый

濡れた / 乾いた

мокрый / сухой

温かい / 冷たい

тёплый / прохладный

戦争 / 平和

война / мир

反対 - противоположности

цифры

0
ゼロ

ноль

1
1

один

2
2

два

3
3

три

4
4

четыре

5
5

пять

6
6

шесть

7
7

семь

8
8

восемь

9
9

девять

10
10

десять

11
11

одиннадцать

12

12
двенадцать

13

13
тринадцать

14

14
четырнадцать

15

15
пятнадцать

16

16
шестнадцать

17

17
семнадцать

18

18
восемнадцать

19

19
девятнадцать

20

20
двадцать

100

100
сто

1.000

1000
тысяча

1.000.000

100万
миллион

英語

английский

アメリカ英語

американский английский

中国標準語

мандаринский китайский

ヒンディー語

хинди

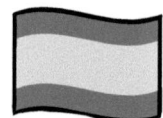

スペイン語

испанский

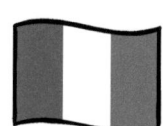

フランス語

французский

アラビア語

арабский

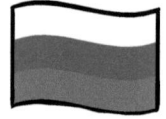

ロシア語

русский

ポルトガル語

португальский

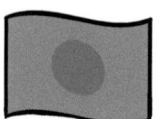

ベンガル語

бенгальский

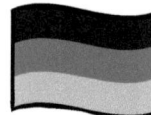

ドイツ語

немецкий

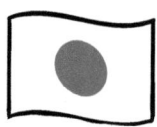

日本語

японский

私

я

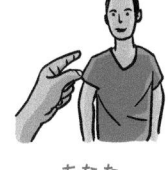

あなた

ты

彼 / 彼女 / それ

он / она / оно

私たち

мы

あなたたち

вы

彼ら

они

誰？

кто?

何？

что?

どうやって？

как?

どこ？

где?

いつ？

когда?

名前

имя

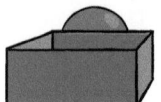

後ろ

за

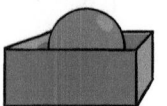

中

в

前

перед

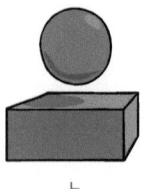

上

над

上

на

下

под

横

рядом

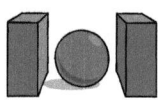

間

между

場所

место